LES SOCIÉTÉS DE SECOURS MUTUELS

DE ROUEN

AU XIXᴇ SIÈCLE

Par H. VERMONT,

Avocat à la Cour d'Appel, Président de l'Émulation chrétienne de Rouen.

I

GÉNÉRALITÉS

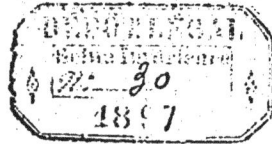

Les sociétés de Secours mutuels sont des associations qui préviennent la misère en diminuant, pour ceux qu'elle menace, les conséquences de la maladie, des accidents et de la vieillesse.

Elles se bornèrent longtemps à soulager les malades et se composèrent uniquement d'ouvriers; mais la force de leur principe étendit à tel point leur influence et leur action, qu'on se demande de plus en plus, si ce n'est point d'elles qu'il faut espérer la solution des problèmes de l'assistance, le remède à l'invalidité et le maintien de la paix sociale.

Prohibées pendant la période révolutionnaire, à peine tolérées et presque inconnues sous le premier Empire, encouragées dans leur création, mais entravées dans leur développement sous la Monarchie, les sociétés de Secours mutuels ont trouvé dans le décret de 1852, une direction sûre, bien que trop étroite; depuis un demi-siècle, elles ont toujours prospéré.

Aux deux cents millions qui constituent leur trésor de prévoyance et la garantie de leurs pensions de retraite, s'ajoutent leurs secours annuels qui dépassent aujourd'hui vingt-cinq millions; et comme ces résultats proviennent d'efforts personnels et d'épargnes volontaires, ils empêchent la misère beaucoup plus efficacement que ne le feront jamais les milliards dévorés par l'Assistance publique (1).

La Mutualité française ne se borne pas aux bienfaits matériels.

---

(1) L'Assistance publique dépense deux cents millions par an; ses fonctionnaires touchent à Paris plusieurs millions par an, j'ignore ce qu'ils reçoivent en province.

Qu'elles s'inspirent de la solidarité, du patriotisme ou de cette religion qui a transformé le monde en apprenant à l'homme à aimer son semblable, nos sociétés, il faut bien le reconnaître, donnent un grand exemple. Elles répandent chez ceux qui n'ont d'autre fortune que leurs bras, les habitudes d'épargne, de sobriété, de prévoyance ; elles préservent le riche de l'égoïsme, et le pauvre de l'envie ; elles développent chez tous l'esprit de tolérance et les sentiments de dévouement, de concorde et d'union.

Les sociétés de Secours mutuels, on ne saurait trop le répéter, sont le terrain neutre où tous les hommes de cœur se rencontrent, où les vertus grandissent, où les préjugés se dissipent, où ceux que divisaient partout ailleurs la naissance, la fortune ou les opinions, se rapprochent et apprennent à se mieux connaître, en s'unissant pour faire le bien.

Je ne connais pas d'institution plus noble dans son principe, plus facile dans ses moyens, plus féconde dans ses résultats.

En Angleterre elle lutte avec un succès, longtemps inespéré, contre le paupérisme ; en Belgique, elle préserve du socialisme révolutionnaire une partie des ouvriers ; elle est en France le plus ferme rempart de la paix sociale, et nous en avons eu récemment à la Chambre des Députés le significatif aveu, par la déclaration haineuse du citoyen Faberot (1).

Comment se fait-il que nos sociétés ne soient pas plus connues ? que nous ne comptions pas même deux millions de Mutualistes en France, tandis qu'en Angleterre ils forment le sixième de la population ?

Pour en être surpris, il faudrait ignorer qu'il en est des sociétés comme des plantes, elles ne peuvent se passer les unes de soleil, les autres de liberté. La politique qui empêche trop souvent, dans notre pays, les réformes sociales, a des suspicions mal placées, et se défie également à tort des hommes qui ont une réelle indépendance et des sociétés qui ont une incontestable utilité.

Les sociétés de Secours mutuels ont souffert de l'ignorance de leurs premiers adhérents, braves gens, pleins de cœur, dont l'inexpérience ne sut pas toujours résister à des entraînements généreux, mais irréfléchis. Elles ont été entravées par les

---

(1) Séance du 17 juin 1896, voir le discours de M. Faberot et la réponse de M. Gauthier de Clagny.

appréhensions des pouvoirs publics qui s'effraient parfois de ce qu'ils devraient encourager; on ne s'appuie que sur ce qui résiste et ceux-là sont toujours de bons citoyens, qui travaillent avec désintéressement au bien de leurs semblables. Enfin, dans ces derniers temps un nouveau danger nous a menacé. Des savants, remplis d'excellentes intentions, se sont imaginé que notre Institution venant de naître, ils l'avaient jusqu'alors ignorée, et, du fond de leur cabinet, ils ont rédigé pour nous des règles onéreuses, compliquées, irréalisables. Ils ne savaient pas, j'imagine, que nos sociétés ont été fondées par des ouvriers et qu'elles sont administrées, sagement et gratuitement, par ceux dont elles sont l'honneur en même temps que l'appui. Un moment, nous avons craint une transformation, qui, sous prétexte de science, aurait remplacé l'expérience par l'utopie, le dévouement par l'égoïsme, le développement des secours par celui des statistiques.

Heureusement, nous ne nous sommes pas découragés. Nous avons multiplié les Congrès, les écrits, les conférences, et comme le bon sens finit toujours par triompher quand il trouve des défenseurs, la lumière s'est faite, le cri de *haro* du Congrès national de Saint-Etienne, se répercutant dans toute la France, a pénétré jusqu'au Palais-Bourbon.

La Chambre a modifié le projet de loi qui motivait nos craintes; pour peu qu'une seconde délibération achève l'œuvre réformatrice commencée en première lecture, une législation libérale nous sera enfin donnée; elle permettrait à nos sociétés d'étendre rapidement leurs bienfaits. (1)

Vous m'excuserez, Messieurs, de m'être un peu attardé à ces considérations générales. Ce n'est point en m'adressant à vous que je pouvais craindre de les aborder. Je sais qu'elles vous sont familières. Rien de ce qui se fait d'utile, ne vous est étranger, et je n'ai garde d'oublier la haute distinction décernée par l'Académie de Rouen à la plus importante de nos sociétés (2), non plus que le rapport si remarquable qui en doubla le prix.

Je suis peut-être téméraire en m'asseyant, pour un jour, au milieu de vous, et en osant esquisser devant de tels juges une

(1) Voir le renvoi de la page 12.
(2) En 1886, l'Académie de Rouen, sur un rapport très remarquable de M. Homais, a, par une exception sans précédent, décerné à l'Emulation Chrétienne de Rouen le prix Dumanoir.

page de notre histoire locale. La demande de votre Président sera au besoin mon excuse, votre générosité m'est trop connue pour que je puisse douter de votre bienveillante attention, et d'ailleurs, il me semble qu'en vous parlant Mutualité, j'accomplis un devoir de reconnaissance.

II

LES SOCIÉTÉS DE SECOURS MUTUELS DE ROUEN
PENDANT LA PREMIÈRE MOITIÉ DU SIÈCLE

La ville de Rouen a toujours été citée pour ses habitudes d'ordre, de travail et d'épargne, aussi ne faut-il pas s'étonner qu'on y ait toujours compris et pratiqué la Mutualité.

Bien avant la chute du premier Empire, en 1808, une première société de Secours mutuels s'y forma sous le nom de Société de Bienfaisance et d'Humanité. C'était alors une violation des lois de 1791, aussi rare que hardie.

Fallait-il cependant maintenir les ouvriers isolés, faibles, sans défense et sans ressources contre la maladie et la vieillesse, en attendant qu'on donnât aux biens confisqués des anciennes Corporations l'emploi qui en avait été promis ? C'eût été inhumain. La Monarchie eut l'honneur de le comprendre et, par une bienveillance qui encourageait le zèle des particuliers, elle favorisa la création des sociétés de Secours mutuels. Malheureusement, d'injustes défiances paralysèrent ce beau zèle, en imposant aux sociétés nouvelles des limites trop étroites et de continuelles entraves.

Avec le voyage de la duchesse d'Angoulême à Rouen, coïncide une véritable éclosion de Mutualités ; en l'espace de quatre ans, de 1818 à 1822, on n'en compte pas moins de 21 nouvelles. Presque toutes sont des sociétés paroissiales — Société de Saint-Romain, de Saint-Vincent, de Saint-Sever, de Saint-Ouen, de Saint-Gervais ; — ou bien des sociétés de métier, désignées tantôt par le nom de la profession : Couvreurs en ardoises, Fondeurs en fer, Graveurs sur bois, Typographes, Ouvriers plombiers, — tantôt par le nom du saint qui la protège : Sociétés de Saint-Joseph, de Saint-Martin, de Saint-Julien l'Hospitalier, de Saint-Louis. Les teinturiers en rouge, prenaient à la fois le nom de leur profession et celui de leur patron, Saint-Maurice.

Des ouvriers furent, à Rouen comme partout à cette époque, les principaux artisans de l'institution nouvelle. Il ne faudrait pas croire, cependant, qu'abandonnés à eux-mêmes, ils ne rencontrassent ni conseils, ni appuis. Pour se convaincre du contraire, il suffit de lire les bulletins de la Société d'Émulation du Commerce et de l'Industrie.

En 1844, l'Assemblée générale de cette Société fait une large place aux sociétés de Secours mutuels. M. Léon Vivet, secrétaire de correspondance, signale à tous leur utilité et se plaît à faire leur éloge. Trois médailles d'argent sont remises aux Mutualités de Saint-Romain, de Saint-Gustave et des Amis de l'Humanité « qui, d'après le rapport, paraissent l'emporter sur les autres par la supériorité de leur règlement et de leur administration. »

Ces distinctions furent tellement appréciées, que M. Locquet, président de la Société Saint-Pierre et Saint-Paul, réclama pour elle le même honneur.

La Société d'Emulation ne devant pas s'arrêter là. Une Commission composée de MM. Brisson, d'Estaintot, Léon Vivet, Lecointe, Poullain, Vauquelin et Vingtrinier, fut chargée d'étudier l'organisation des sociétés de Secours mutuels et d'indiquer les moyens de l'améliorer.

Les travaux de cette Commission ont été résumés dans un Mémoire, aujourd'hui presqu'introuvable, de M. Deboutteville, directeur de l'Asile départemental d'aliénés de la Seine-Inférieure.

Après des considérations élevées sur les Institutions de prévoyance, l'auteur combat le préjugé qui faisait alors préférer les Caisses d'épargne aux sociétés de Secours mutuels ; il indique le moyen de développer et de perfectionner ces dernières et leur propose un modèle de règlement, auquel il ajoute de nombreuses tables de probabilités, destinées à guider leurs administrateurs.

Ce travail extrêmement étudié produisit peu de résultats. Il était trop touffu, comme le règlement qu'il proposait, et qui ne comprenait pas moins de cent quarante-trois articles. Sa base était défectueuse, car il élevait les cotisations des ouvriers à 26 francs et à 52 francs 20 par an, chiffres manifestement exagérés.

Il serait injuste de méconnaître la portée de cette étude, remarquable à certains égards et qui est un des plus sérieux écrits qui aient été imprimés en France sur la Mutualité.

Je regrette qu'en la publiant, la Société d'Emulation ne lui ait pas adjointe une autre étude d'allure plus vive et d'inspiration plus haute, que lui avait adressée M. Boudehan, dont le fils et les deux filles ont continué à témoigner aux sociétés de Secours mutuels de notre ville une sympathie si vive et si généreuse. Le Mémoire de M. Boudehan fut écarté par la Commission « comme ne remplissant pas ses vues et embrassant trop pour le moment ». La vérité est que, devançant l'avenir, M. Boudehan traçait d'une main sûre, inspirée par un cœur magnanime, l'idéal vers lequel nous devons tendre et prophétisait les progrès que nous sommes parvenus à réaliser.

La Société d'Emulation avait émis toute une série de vœux excellents : elle demandait une loi pour les sociétés de Secours mutuels, le Conseil général appuya cette proposition qui ne fut réalisée que huit ans après, par le décret de 1852. Elle réclamait, en faveur des Sociétés, la fourniture des livrets et registres, que ce décret nous assure. Elle proposait aussi l'allocation de primes d'encouragement, la création d'une Commission consultative et la fondation de prix triennaux pour les deux sociétés du département « qui auraient présenté les meilleurs rapports sur la marche de leurs affaires. »

Il est regrettable que des vœux aussi sages soient restés platoniques.

A la même époque et dans le même ordre d'idées, le docteur Vingtrinier fit paraître des brochures éminemment pratiques.

Mêlé de près à l'administration de plusieurs Mutualités, il s'effrayait à bon droit de leur avenir. La multiplicité des sociétés lui paraissait une cause de faiblesse et il donnait à cet égard des conseils qui ont encore aujourd'hui trop souvent leur raison d'être. Un peu de réflexion suffit pourtant à démontrer qu'il est plus avantageux d'entrer dans une société prospère, que de contribuer à en former de nouvelles et qu'un petit nombre de Mutualités importantes présenteront toujours plus de sécurité qu'une multitude de sociétés intimes.

Le docteur Vingtrinier conseillait aux sociétés de s'unir et de fusionner, et annonçait que les sociétés de Rouen étaient destinées à disparaître, si elles continuaient à escompter imprudemment l'avenir.

Toute Mutualité nouvelle doit trouver dans le zèle et la jeunesse de ses fondateurs des ressources destinées à ne pas se reproduire ; le perpétuel rajeunissement des sociétés par l'admission de nouveaux membres est une condition essentielle de leur durée; c'est seulement en accumulant des réserves progressives qu'une Mutualité peut faire face aux augmentations de dépense, qu'amène toujours avec elle la vieillesse de ses premiers adhérents.

Les sociétés de Rouen avaient méconnu ces vérités ; elles refusèrent de croire le bon docteur qui les leur rappelait ; l'évènement ne tarda pas à justifier ses prévisions. En 1848, sur trente-neuf sociétés de Secours mutuels qui avaient été créées dans notre ville, il n'en restait plus que treize dont huit allaient bientôt disparaître.

Les seules Sociétés de cette époque qui aient survécu, sont : le Saint-Esprit qui date de 1819, Saint-Gustave fondé en 1828 et l'Union fondée en 1841. Deux autres Sociétés ont évité leur ruine en suivant les conseils de M. Vingtrinier ; ce sont les Sociétés de Saint-Romain et de Saint-Vincent qui se sont fusionnées en prenant pour nom : l'Alliance.

III

LES SOCIÉTÉS DE SECOURS MUTUELS DE ROUEN
DANS LA SECONDE MOITIÉ DU XIXᵉ SIÈCLE

Au milieu de ces désastres et du découragement qui en était l'inévitable conséquence, sept ouvriers, MM. Carpentier, Chartier, Duval, Gibon, Houdeville, Tessel et Vorger, entreprirent de réédifier, sur une base plus large, l'édifice qui venait de s'effondrer. Ils fondèrent une Société destinée à s'étendre dans toute la ville, à réunir des travailleurs de toutes les professions et qui fit, sans distinction ni réserves, un sincère appel à tous les hommes de bonne volonté.

Cet appel, jeté au milieu des dissentiments politiques et des bouleversements sociaux, fut de suite entendu et généralement compris.

En 1848, après trente ans d'efforts, toutes les Mutualités de Rouen réunies ne comptaient pas mille adhérents, n'avaient distribué dans l'année que 18,000 francs de secours, et ne possédaient qu'un capital de 82,000 francs insuffisant pour garantir leurs obligations.

En 1852, après trois ans d'existence, la nouvelle Société, qu'on appela l'Emulation chrétienne, réunissait trois mille Sociétaires et avait, dans une seule année, distribué 19,000 francs de secours, en réalisant de sérieuses économies.

Quelques-uns de vous savent quelles épreuves survinrent.

Le président, M. Carpentier, objet de basses jalousies, fut obligé de donner sa démission, et mourut de chagrin à l'hôpital, en ajoutant un nom de plus au martyrologe de ceux qui paient du sacrifice de leur personne le succès de leurs idées. Un long intérim accentua les divisions, et l'œuvre née si brillamment était en grand danger de périr, lorsque M. Allard (1) voulut bien se mettre à sa tête. Dix-huit mois lui suffirent pour pacifier les esprits et opérer des réformes nécessaires. M. Leroy, qui lui succéda, eut à lutter contre une défaveur accentuée par l'ajournement des promesses et l'accroissement nécessaire des cotisations. Son successeur eut le bonheur de vaincre ces obstacles, et grâce à de nombreux concours, put rendre à l'Emulation chrétienne une prospérité qui, depuis vingt-cinq ans, ne s'est pas un seul jour démentie.

De 1850 à 1882, la Mutualité ne fit à Rouen que des progrès assez lents. Le nombre des sociétés variait peu, l'Emulation chrétienne était la seule importante ; parmi les sociétés qui se fondaient en bien petit nombre, celle des Instituteurs et des Institutrices, semblait alors seule appelée à se développer brillamment.

Après la guerre, à la fin de 1871, le nombre des Mutualistes rouennais s'élevait seulement à 4,306 ; on en comptait 35 de plus le 1er janvier 1853.

Au point de vue financier, la situation était meilleure ; on pouvait constater une augmentation des recettes, des dépenses et surtout de l'avoir social, lequel, de 136,605 francs, avoir de 1853, s'était, en 1874, élevé à 571,106 francs.

De tels progrès étaient bien insuffisants.

Cependant, dès cette époque, les concerts et les conférences de l'Emulation chrétienne, joints à beaucoup de démarches personnelles, commencèrent à répandre un peu plus à Rouen les idées de mutualité.

Avec cette société, qui se relevait chaque jour, d'autres com-

(1) M. Allard était alors notaire, il continua jusqu'à sa mort son concours dévoué à l'*Émulation chrétienne*. Un de ses fils, M. Christophe Allard, avocat, est depuis dix ans Vice-Président de cette Société; un autre, M. Paul Allard, ancien Magistrat, fait partie de son Conseil honoraire.

mençaient à progresser. L'actif dévouement de MM. Crampon et Boulland développait l'Alliance et la Prévoyance mutuelle ; la Société des Instituteurs et des Institutrices prenait une importance sérieuse.

Un fait nouveau, inattendu, vint accentuer le progrès qui se dessinait ainsi.

Le 18 mars 1882, le gouvernement de la République présente au Parlement deux projets de loi ayant pour but d'améliorer la législation et d'augmenter les avantages des sociétés de Secours mutuels.

Le président de l'Emulation chrétienne pense qu'il y a lieu de donner à ces projets l'appui des intéressés, et propose dans ce but un Congrès, auquel tous ses collègues veulent bien s'associer.

Ce Congrès, bien que fort écourté, a un succès considérable. Plusieurs Députés et un grand nombre de notabilités de notre ville en suivent, avec le plus vif intérêt, les séances auxquelles assiste, dans la vaste salle des Consuls, une foule considérable et attentive.

Ce Congrès, par les idées qu'il répand, par l'émotion qu'il produit, par les sympathies qu'il rencontre et qu'il développe, produit des résultats inespérés. Les diverses Sociétés voient s'accroître sensiblement le nombre de leurs adhérents, et de nouvelles surgissent bientôt, sans que la prospérité des anciennes s'amoindrisse.

Tout d'ailleurs les favorise. Le Conseil général (1) et le Conseil municipal (2) augmentent leurs subventions, dont la répartition est calculée de manière à stimuler leur ardeur et à récompenser leurs efforts. La générosité des particuliers se joint aux libéralités administratives. Le corps médical, qui en beaucoup d'autres villes entrera en lutte ouverte avec les sociétés de Secours mutuels, leur donne un appui dont la générosité augmente sa

(1) Cette subvention, sur ma demande, appuyée par MM. Boulland et Robert, fut élevée de 6,100 francs à 9,100 francs ; elle a été depuis portée à 15,000 francs sur les propositions de M. le Préfet.

(2) L'année précédente, M. Robert, administrateur de l'Alliance, avait adressé une demande, que M. Ricard, maire de Rouen, ne fit même pas examiner. M. Robert la reproduisit en 1882, et, après le Congrès, elle fut admise, grâce à l'appui de MM. Dieutre, Lebon et Moinet ; elle a augmenté de 6,000 à 7,000 francs par an nos capitaux de retraite.

considération, en même temps qu'elle leur permet d'étendre leurs
bienfaits.

Les sociétaires participants comprennent de mieux en mieux les
avantages de la Mutualité, et, par l'augmentation de leurs cotisations, facilitent l'accroissement de leurs secours. La Presse, à
une seule exception près, nous donne, avec le plus complet
désintéressement, un continuel appui.

Presque toutes les notabilités de Rouen, et nombre de personnes
de fortune modeste, tiennent à honneur d'augmenter nos ressources, et de prendre comme membres honoraires une place dans
nos rangs.

En même temps que les Congrès, les Concerts, les Conférences,
les Brochures se multiplient et développent les sympathies qui
nous entourent. Les dames les plus considérées deviennent nos
quêteuses.

Par toute la France, d'ailleurs, la Mutualité est de plus en plus
appréciée.

Des voix inattendues, appelant sur la plus importante de
nos Sociétés l'attention publique, généralisent et répandent des
vérités dont profiteront toutes les autres. Au dehors, c'est la Société
Française de Tempérance et la Société Nationale d'Encouragement
au bien, qui signalent les bienfaits de l'Emulation Chrétienne. A
Rouen, c'est l'Académie qui lui décerne le prix Dumanoir; c'est
la Société Industrielle qui lui attribue un nouveau prix offert à la
Société du département « qui aura le plus et le mieux compris et
pratiqué la Prévoyance. » Dans toutes les Expositions, elle obtient
les plus flatteuses récompenses.

On fait aux délégués de Rouen une place d'honneur dans tous
les Congrès, et c'est de Rouen que partent les pétitions, qui, de
l'un à l'autre bout de la France, obtiendront l'appui des Conseils
généraux; assailliront sans cesse le Parlement, dont les commis-
sions ont dénaturé, de la manière la plus déplorable, les projets de
loi qui nous concernent, et obtiendront, enfin, qu'on réforme ces
projets d'une manière conforme à l'expérience et au bon sens.

Que vous dirai-je? N'est-ce pas à Rouen que fut écrit ce
Mandement sur les sociétés de Secours mutuels, qui suffirait à
immortaliser la mémoire de Mgr Thomas, et dans lequel ce Prélat
au grand cœur, imitant avec succès l'exemple des Evêques
d'Amérique, ne craignit point de célébrer, dans la Chaire chré-

tienne, l'Institution qui est à la fois l'œuvre, la sauvegarde et l'honneur des ouvriers, mais qui ne peut trouver son développement complet qu'avec le concours et le dévouement de tous ?

Aussi ne faut-il pas s'étonner que, depuis quinze ans, la Mutualité ait pris, dans notre ville, l'essor que nous désirions depuis si longtemps.

Dès 1884, le nombre des sociétés est de dix-sept, le nombre des sociétaires de sept mille, l'importance des secours annuels de 126,000 francs.

Au 31 décembre dernier, nous avions vingt-sept Sociétés (1), comptant 13,367 sociétaires; leurs dépenses annuelles dépassaient 205,000 fr., et laissaient un excédent de recettes de 130,000 fr. (2). Notre avoir social atteignait 2 millions et demi.

Le progrès est considérable, malgré une série de déceptions, dont une était aussi rationnelle qu'elle a été constante, ce qui m'engage à la signaler.

Les tableaux annexés à cette étude permettront de suivre avec exactitude les fluctuations de la Mutualité dans notre ville. Ils constatent la continuité des échecs subis par ceux qui veulent faire de nos sociétés une entreprise étroite, une association limitée aux personnes de même corps de métier.

Ce qui s'était produit à cet égard, après 1840, s'est constamment renouvelé. Tandis que les autres Mutualités persévèrent ou grandissent, nous voyons disparaître, en 1873, la Société des Ouvriers tailleurs de la maison Dubuisson, et celle des Graveurs sur bois; en 1886, les Fondeurs en fer et les Ouvriers plombiers; la Cordonnerie rouennaise en 1887, l'Union des Tailleurs de limes en 1889. Presque toutes les Mutualités qui disparaissent sont des Mutualités corporatives.

Cette première observation en suggère une autre.

Dans un certain nombre d'établissements industriels, on a fondé, à grands frais, des Mutualités d'usine. Je suis persuadé qu'avec moins de dépense, on aurait obtenu des résultats plus grands et plus durables, en facilitant aux ouvriers de ces établissements

---

(1) Les plus importantes sont : l'Émulation Chrétienne, les Instituteurs et les Institutrices, la Prévoyance Mutuelle, l'Alliance, les Cantonniers, les Voyageurs de Commerce, la Mutualité Scolaire, l'Union.

(2) Dans ces sociétés sont comprises celles des Voyageurs de Commerce, des Instituteurs et des Institutrices, des Cantonniers et des Médecins, qui s'étendent à tout le département.

leur entrée dans une des grandes sociétés de notre ville (1).

Nous avons déjà fait beaucoup, à coup sûr, et j'imagine que les fondateurs de l'Emulation Chrétienne s'étonneraient de posséder 700,000 francs, après avoir distribué 2 millions de secours, et employé 1,700,000 francs en achats de pensions de retraite.

Nous ferons plus encore.

Que le Parlement nous donne une loi vraiment libérale (2) et brise tant de liens qui nous entravent, nous prouverons que la France peut réaliser ce qu'a fait l'Angleterre. Avec l'aide de tous, sans qu'on augmente le nombre des fonctionnaires, ni le chiffre des impôts, nous élèverons une digue assez forte, un mur assez haut pour arrêter la misère, et assurer à ceux qui le méritent la dignité de la vie, la tranquillité du foyer domestique, la sécurité de la vieillesse.

La Mutualité a eu, je le reconnais, des débuts assez lents ; elle produit déjà des résultats très appréciables, et qui s'accroîtront de plus en plus.

Notre Institution ne ressemble en rien à ces plantes de serre, que le même jour voit éclore et flétrir. Je la comparerais plutôt à ces grands arbres qui, avant de s'élever vers le ciel, enfoncent profondément dans la terre leurs puissantes racines, et qui ne peuvent vivre qu'en ayant beaucoup d'air, d'espace et de liberté.

L'histoire de la Mutualité à Rouen, pendant les trente dernières années, est résumée dans les deux tableaux qui suivent. Le premier donne la liste des Sociétés ayant existé dans cette ville pendant cette période, de dix ans en dix ans. Le second fournit l'état de leurs recettes et dépenses et de leur actif social.

(1) Depuis les Assises de Caumont, ce Conseil a été suivi avec un grand succès par les Administrateurs-Délégués de la filature de Saint-Paul, MM. L. Le Picard et Hazard.

(2) Pendant l'impression de ce discours, j'apprends que la commission de la Chambre vient de remettre en question une partie des réformes votées en première lecture et qui amélioraient le projet de loi sur les sociétés de Secours mutuels. Nous espérions, au contraire, de nouvelles modifications libérales. Que sera le vote en seconde lecture, que fera le Sénat ? Il est difficile de le prévoir.

LISTE DES SOCIÉTÉS DE SECOURS MUTUELS DE ROUEN

1864
1 Reconnue d'utilité publique. — L'Emulation chrétienne.

3 Approuvées. — L'Union, l'Alliance, les Sauveteurs rouennais.

5 Autorisées. — Les Graveurs sur bois, les Fondeurs en fer, Saint-Gustave, les Amis de l'humanité, le Saint-Esprit.

1874
1 Reconnue d'utilité publique. — La même.

7 Approuvées. — L'Union, l'Alliance, les Sauveteurs rouennais, le Saint-Esprit, l'Association des Médecins, les Instituteurs et les Institutrices, la Prévoyance Mutuelle.

4 Autorisées. — Les Fondeurs en fer, Saint-Gustave, les Ouvriers tapissiers, les Dames israélites.

1884
1 Reconnue d'utilité publique. — La même.

8 Approuvées. — L'Union, l'Alliance, les Sauveteurs rouennais, le Saint-Esprit, l'Association des Médecins, les Instituteurs et les Institutrices, la Prévoyance Mutuelle, les Sauveteurs hospitaliers.

8 Autorisées. — Les Fondeurs en fer, Saint-Gustave, les Ouvriers tapissiers, les Dames israélites, les Ouvriers de l'usine à gaz, les Tailleurs de limes, la Prévoyance mutuelle des couvreurs-plombiers, la Cordonnerie rouennaise.

1894
1 Reconnue d'utilité publique. — La même.

18 Approuvées. — L'Union, l'Alliance, les Sauveteurs rouennais, le Saint-Esprit, l'Association des Médecins, les Instituteurs et les Institutrices, la Prévoyance mutuelle, les Sauveteurs hospitaliers, les Voyageurs de commerce, les Anciens Militaires et Marins vétérans, les Cantonniers du service vicinal, Solidarité et Prévoyance, Société normande des Demoiselles de magasin, Association mutuelle des Femmes de Rouen, Cordonnerie rouennaise, Sauveteurs bretons, Société scolaire, Société fraternelle des Sourds-Muets.

7 Autorisées. — Saint-Gustave, les Ouvriers tapissiers, les Dames israélites, les Ouvriers de l'usine à gaz, Prévoyance mutuelle des Couvreurs-Plombiers, les Ouvriers des ateliers Tierce, les Anciens Militaires coloniaux.

1895
1 Reconnue d'utilité publique. — La même.

18 Approuvées. — Les mêmes, sauf que la Fraternelle laïque, société nouvelle, remplace la Cordonnerie rouennaise, et que les Sauveteurs bretons, changeant de nom, s'appellent la Jeanne d'Arc.

7 Autorisées. — Les mêmes.

	QUALIFICATION des SOCIÉTÉS	MEMBRES PARTICIPANTS	MEMBRES HONORAIRES	TOTAL DES SOCIÉTAIRES	PAYÉ par les PARTICIPANTS	AUTRES RECETTES	TOTAL des RECETTES	DÉPENSES des PARTICIPANTS Maladie Vieillesse Décès	AUTRES DÉPENSES	TOTAL des DÉPENSES	AVOIR DISPONIBLE	CAPITAL de la CAISSE DES RETRAITES EMPLOYÉ	CAPITAL de la CAISSE DES RETRAITES DISPONIBLE	TOTAL DE L'AVOIR SOCIAL
1864	1 Reconnue d'utilité publique	2.267	897	2.654	27.804 20	18.200 88	46.005 08	27.977 93	5.546 39	33.524 34	14.148 15	»	106.286 86	120.380 01
	3 Approuvées	372	155	527	6.617 85	7.525 73	14.343 58	10.563 20	1.480 20	12.043 40	90.147 91	»	22.226 16	112.374 07
	5 Autorisées	526	»	526	9.905 90	3.476 73	13.382 63	12.723 55	1.174 90	13.898 45	67.496 03	»	»	67.496 03
		3.155	552	3.707	44.417 95	29.203 34	73.821 29	51.264 70	8.201 49	59.466 19	171.787 09	»	128.463 02	300.250 11
1874	1 Reconnue d'utilité publique	1.729	476	2.205	20.855 25	31.010 23	51.865 48	27.763 14	3.521 73	31.284 87	18.688 58	96.287	101.128 67	219.104 20
	7 Approuvées	1.791	482	2.273	29.122 95	34.854 76	63.977 71	18.776 55	8.090 20	26.866 75	130.417 23	16.497	159.262 07	306.176 83
	4 Autorisées	358	»	358	5.693 »	3.412 72	9.105 72	8.353 75	1.226 95	9.580 70	45.825 51	»	»	45.825 51
		3.878	958	4.831	55.671 20	69.277 71	124.948 91	54.893 44	12.838 88	67.732 32	194.931 30	112.784	263.390 74	571.106 04
1884	1 Reconnue d'utilité publique	2.133	681	2.814	25.690 35	49.183 21	74.873 56	47.336 16	5.159 05	52.495 21	31.542 »	377.088	314 36	408.944 36
	8 Approuvées	2.992	553	3.545	57.236 90	60.796 46	118.033 36	44.542 48	15.802 38	60.344 86	172.154 13	193.136	384.265 03	749.555 16
	8 Autorisées	551	7	558	9.146 50	2.719 56	11.866 06	10.166 59	3.814 93	13.981 52	45.505 57	»	»	45.505 57
		5.676	1.241	6.917	92.073 75	112.699 23	204.772 98	102.045 23	24.776 36	126.821 59	249.201 70	570.224	384.579 39	1.204.005 09
1894	1 Reconnue d'utilité publique	2.607	924	3.531	38.207 30	56.556 80	94.764 16	62.868 57	7.375 66	70.244 23	30.007 18	603.371	19.366 65	652.744 83
	18 Approuvées	6.778	1.538	8.316	123.611 80	117.092 88	240.704 68	111.244 08	25.942 95	137.187 03	261.658 19	586.202	756.872 29	1.604.912 48
	7 Autorisées	606	15	621	9.009 35	4.004 85	13.014 20	12.543 62	1.446 02	13.989 64	34.209 20	»	»	34.209 20
		9.991	2.477	12.468	170.828 45	177.654 59	348.483 01	186.656 27	34.764 63	221.420 90	325.874 57	1.189.753	776.238 94	2.291.806 51
1895	1 Reconnue d'utilité publique	2.672	870	3.542	40.654 10	58.899 61	99.553 71	64.966 23	7.551 97	72.518 20	34.227 18	623.609	21.944 16	679.780 34
	18 Approuvées	7.475	1.690	9.165	132.670 10	128.342 11	261.012 21	127.001 22	25.872 36	153.473 58	280.069 78	615.581	816.442 76	1.712.093 40
	7 Autorisées	605	55	660	9.214 45	5.008 13	14.222 58	2.904 08	1.155 11	14.059 19	34.372 59	»	»	34.372 59
		10.752	2.615	13.367	182.538 65	192.249 85	374.788 50	195.471 53	34.579 44	240.050 97	348.669 50	1.239.190	838.386 92	2.426.246 42

OBSERVATIONS. — Les Sociétés de Secours mutuels de corps de métier n'ont jamais eu à Rouen qu'une existence éphémère. Il en a été généralement ainsi partout. Contrairement à ce qui s'est produit dans d'autres villes, les Sociétés autorisées ont paraît nous toujours végété.

La plupart des Sociétés approuvées et l'*Émulation chrétienne*, qui est depuis longtemps reconnue d'utilité publique, ont montré par leur excellente administration et par leurs continuels progrès depuis quinze ans, qu'il n'était pas besoin d'actuaires imposés et de complications de calculs et d'écritures pour diriger les Sociétés de Secours mutuels. Les membres de ces Sociétés savent ce qu'ils font, leur dévouement est éclairé par l'expérience et le bon sens, en un mot ils sont dignes et capables de s'occuper eux-mêmes de leurs affaires.

Rouen. — Imprimerie Paul Leprêtre, rue de la Vicomté, 75.

www.ingramcontent.com/pod-product-compliance
Lightning Source LLC
Chambersburg PA
CBHW050421210326
41520CB00020B/6691